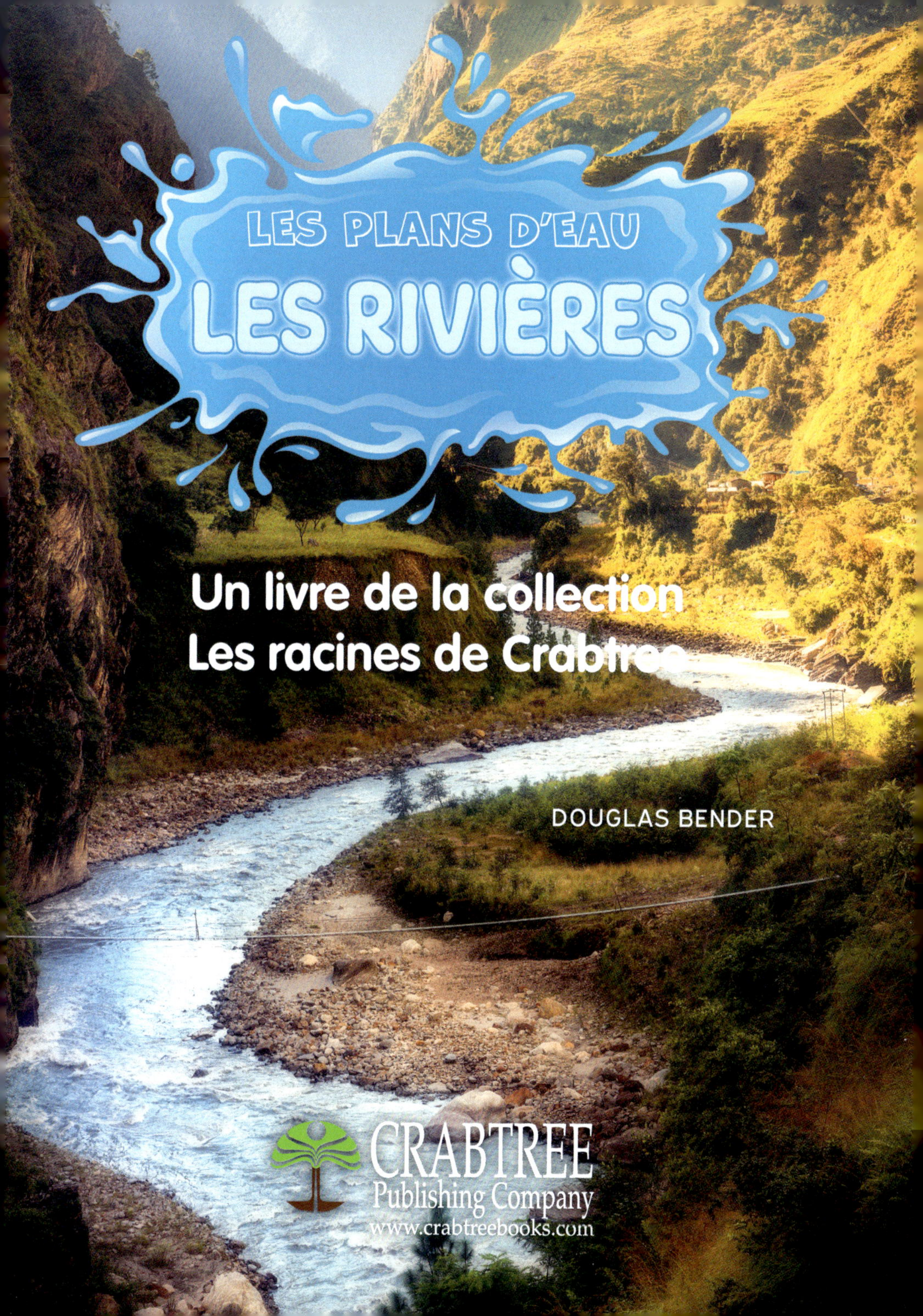
LES PLANS D'EAU
LES RIVIÈRES
Un livre de la collection
Les racines de Crabtree
DOUGLAS BENDER
CRABTREE
Publishing Company
www.crabtreebooks.com

Soutien de l'école à la maison pour les parents, les gardiens et les enseignants

Ce livre aide les enfants à se développer grâce à la pratique de la lecture. Voici quelques exemples de questions pour aider le lecteur ou la lectrice à développer ses capacités de compréhension. Les suggestions de réponses sont indiquées en rouge.

Avant la lecture

- De quoi ce livre parle-t-il?
    - *Je pense que ce livre parle de l'eau et des rivières.*
    - *Ce livre explique à quoi ressemblent les rivières.*

- Qu'est-ce que je veux apprendre sur ce sujet?
    - *Je veux savoir quels animaux vivent dans les rivières.*
    - *Je veux savoir de quelle taille sont les rivières.*

Pendant la lecture

- Je me demande pourquoi...
    - *Je me demande si les rivières peuvent être courtes.*
    - *Je me demande comment les poissons peuvent nager dans les rivières au courant rapide.*

- Qu'est-ce que j'ai appris jusqu'à présent?
    - *J'ai appris qu'il y a des chutes dans plusieurs rivières.*
    - *J'ai appris que les rivières sont longues.*

Après la lecture

- Nomme quelques détails que tu as retenus.
    - *J'ai appris qu'il y a des rapides dans plusieurs rivières.*
    - *J'ai appris qu'il y a des rochers dans la plupart des rivières.*

- Lis le livre à nouveau et cherche les mots de vocabulaire.
    - *Je vois le mot* ***chutes*** *à la page 7 et le mot* ***rapides*** *à la page 12. Les autres mots de vocabulaire se trouvent à la page 14.*

Ceci est une **rivière**.

Certaines rivières sont longues.

Tu peux voir des **chutes** dans plusieurs rivières.

Il y a des **rochers** dans la plupart des rivières.

Tu peux voir des poissons dans certaines rivières.

Il y a des **rapides** dans plusieurs rivières.

Liste de mots

Mots courants

a
ceci
certaines
dans
est
longues
peux
plusieurs
poissons
sont
tu
une
voir

La boîte à mots

chutes

rapides

rivière

rochers

42 mots

Ceci est une **rivière**.

Certaines rivières sont longues.

Tu peux voir des **chutes** dans plusieurs rivières.

Il y a des **rochers** dans la plupart des rivières.

Tu peux voir des poissons dans certaines rivières.

Il y a des **rapides** dans plusieurs rivières.

Auteur : Douglas Bender
Conception : Rhea Wallace
Développement de la série : James Earley
Correctrice : Janine Deschenes
Conseils pédagogiques : Marie Lemke M.Ed.
Traduction : Annie Evearts
Coordinatrice à l'impression : Katherine Berti
Références photographiques : Shutterstock : Smelov : couverture; Denis Belitsky : p. 1; Liudmila Yagovating : p. 3, 14; Alexandr Vorobev : p. 5; 4045 : p. 6, 14; Nikolay007 : p. 8-9, 14; Menno Schaefer : p. 10, 14; Bbrown : p. 13, 14

Crabtree Publishing Company

www.crabtreebooks.com 1-800-387-7650

Publié aux États-Unis
Crabtree Publishing
347 Fifth Avenue
Suite 1402-145
New York, NY, 10016

Publié au Canada
Crabtree Publishing
616 Welland Ave.
St. Catharines, Ontario
L2M 5V6

Imprimé au Canada/082021/CPC

Catalogage avant publication de Bibliothèque et Archives Canada

Titre: Les rivières / Douglas Bender ; texte français d'Annie Evearts.
Autres titres: Rivers. Français.
Noms: Bender, Douglas, auteur.
Description: Mention de collection: Les plans d'eau | Les racines de Crabtree | Traduction de : Rivers. | Comprend un index.
Identifiants: Canadiana (livre imprimé) 20210262265 | Canadiana (livre numérique) 20210261692 | ISBN 9781039603912 (couverture souple) | ISBN 9781039603974 (HTML) | ISBN 9781039604032 (EPUB) | ISBN 9781039604094 (livre numérique avec narration)
Vedettes-matière: RVM: Cours d'eau—Ouvrages pour la jeunesse. | RVMGF: Documents pour la jeunesse.
Classification: LCC GB1203.8 .B4514 2022 | CDD j551.48/3—dc23